meschun - lad

ciboulette - c

ail - g

feuille de laurier - Bay Leaf

mache - Lambs lettuce

cerneau - walnut

soja - Soya

laitue - lettuce

Le meilleur des SALADES

DE L'ENTRÉE AU DESSERT

ARTÉMIS
ÉDITIONS

VINAIGRETTES

sucrées / salées

Vinaigrette À LA CONFITURE de framboises

Pour 4 pers.
Prép. 5 min

1 c. à c. de confiture
de framboises
2 cl de vinaigre balsamique
10 g de fond de veau
6 cl d'huile d'olive
Sel, poivre cinq baies

Faites légèrement chauffer le vinaigre balsamique.

Ajoutez la confiture de framboises et le fond de veau, mélangez bien. Salez et poivrez.

Montez le tout à l'huile d'olive.

Vinaigrette MYRTILLES-GINGEMBRE

Pour 4 pers.
Prép. 5 min

2 cl de vinaigre de xérès
1 c. à c. de confiture de myrtilles
10 g de fond de veau
4 cl d'huile de pépins de raisin
2 cl d'huile de noix
1 pincée de gingembre râpé
Sel, poivre

Faites fondre le beurre dans une casserole Mélangez le vinaigre et le fond de veau. Faites chauffer.

Ajoutez la confiture de myrtilles, le gingembre, salez et poivrez. Mélangez bien et montez à l'huile de pépins de raisin et à l'huile de noix.

Vinaigrette AU JUS DE POMELO

Pour 4 pers.
Prép. 3 min

1 cl de vinaigre de cidre
1 pomelo
20 g de miel
6 cl d'huile d'olive
Curry, paprika
Sel, poivre cinq baies

Pressez le pomelo.

Mélangez le vinaigre, le jus du pomelo, le miel, le curry et le paprika.

Salez, poivrez et mélangez bien, puis montez à l'huile d'olive.

Vinaigrette À LA TOMATE

Pour 4 pers.
Prép. 3 min

8 tomates confites
1 pincée de sucre
1 pincée de persil haché
1 gousse d'ail hachée
1 c. à c. de moutarde
Le jus d'un citron
2 c. à s. de vinaigre de vin
5 c. à s. d'huile d'olive
Sel, poivre

Dans un bol de mixeur, mettez les tomates, l'ail, le jus de citron, le vinaigre, le sucre et la moutarde. Assaisonnez et mixez, puis incorporez l'huile d'olive petit à petit.

Ajoutez le persil haché et assaisonnez une salade de légumes grillés, par exemple.

Vinaigrette AIGRE-DOUCE

Pour 4 pers.
Prép. 3 min

2 cl de vinaigre de cidre
1 c. à c. de miel
6 cl d'huile d'olive
Curry
Sel, poivre cinq baies

Mélangez le vinaigre de cidre, le miel, le sel, le poivre et le curry, puis montez à l'huile d'olive.

Vinaigrette FAÇON ASIATIQUE

Pour 4 pers.
Prép. 5 min

1,5 cl de vinaigre balsamique
1 cl de nuoc-mâm
1 cl de sauce de soja
6 cl d'huile d'olive
Curry
Poivre

Mélangez le vinaigre, le nuoc-mâm, la sauce de soja et le curry.

Poivrez, mélangez 2 min et montez l'huile d'olive.

Vinaigrette FROMAGE BLANC ciboulette

Pour 4 pers.
Prép. 10 min

150 g de fromage blanc à la faisselle
2 cl de vinaigre de cidre
50 g de ciboulette
2 échalotes
6 cl d'huile d'olive
Sel, poivre cinq baies

Épluchez et hachez les échalotes. Lavez, puis ciselez la ciboulette.

Mélangez le fromage blanc et le vinaigre de cidre. Salez et poivrez, puis ajoutez les échalotes et la ciboulette. Montez à l'huile d'olive.

Vinaigrette AUX HERBES

Pour 4 pers.
Prép. 5 min

1 gousse d'ail hachée
1 c. à c. de persil haché
1 c. à c. de ciboulette émincée
1 c. à c. de cerfeuil haché
1 c. à c. de coriandre hachée
2 ou 3 baies roses concassées
1 c. à s. de moutarde
2 c. à s. de vinaigre de xérès
4 c. à s. d'huile d'olive
Sel, poivre

Mélangez l'ail avec la moutarde, le sel, le poivre et le vinaigre de xérès.

Incorporez l'huile d'olive et toutes les herbes hachées.

Vinaigrette À LA MOUTARDE et aux épices

Pour 4 pers.
Prép. 10 min

2 cl de vinaigre de vin
2 échalotes
15 g de moutarde à l'ancienne
15 g de moutarde artisanale
4 cl d'huile de pépins de raisin
2 cl d'huile de noix
Noix de muscade
Quatre-épices, sel, poivre

Pelez et hachez les échalotes. Placez-les dans un récipient.

Ajoutez le vinaigre de vin, les deux moutardes, le quatre-épices et la noix de muscade. Salez et poivrez et mélangez bien.

Montez à l'huile de pépins de raisin et ajoutez l'huile de noix sur le plat au moment de servir.

Vinaigrette AU YAOURT ÉPICÉ

Pour 4 pers.
Prép. 10 min

1 yaourt
50 g de basilic
1 oignon doux
2 cl de vinaigre de cidre
6 cl d'huile d'olive
Curry, sel, poivre

Pelez et émincez l'oignon doux, puis mélangez-le au yaourt. Hachez le basilic et ajoutez-le à la préparation.

Ajoutez le vinaigre de cidre et le curry, salez et poivrez. Mélangez bien et montez à l'huile d'olive.

Versions

SALÉES

Salade de haricots verts AUX CHAMPIGNONS et crème citronnée

Pour 4 pers.
Prép. 15 min
Cuis. 12 min

250 g de haricots verts
8 champignons de Paris
10 cl de crème liquide
Le jus d'un citron
1 pincée de persil haché
1 pointe de poivre de Cayenne
1 filet d'huile d'olive
Sel, poivre

Faites cuire les haricots (départ eau bouillante salée) pendant 12 min environ. Gardez-les légèrement croquants. Refroidissez-les.

Nettoyez, lavez et coupez les champignons en lamelles fines. Mélangez-les avec les haricots, le poivre de Cayenne et un filet d'huile d'olive. Assaisonnez et répartissez le mélange dans quatre coupes.

Montez la crème très froide en chantilly. Ajoutez le jus de citron, le persil et assaisonnez. Versez dans chaque coupe une cuillerée de crème citronnée et servez.

Salade D'AUBERGINES FRITES

Pour 4 pers.
Prép. 15 min
Cuis. 20 min

1 gousse d'ail
500 g d'aubergines
100 g de farine
10 cl d'huile d'olive
1 c. à s. de persil haché
1 pincée de piment doux en poudre
Le jus d'un citron

Pelez et hachez la gousse d'ail. Lavez les aubergines, essuyez-les et éliminez leurs extrémités. Sans les éplucher, coupez-les en rondelles d'environ 0,5 cm d'épaisseur. Farinez-les sur toutes les faces.

Versez l'huile d'olive dans une poêle et faites chauffer. Faites-y frire les rondelles d'aubergines, puis égouttez-les et disposez-les sur un plat de service. Saupoudrez-les de persil, d'ail haché, de piment et arrosez de jus de citron.

Bon à savoir : *Cette salade se sert chaude ou froide selon l'envie du moment.*

Salade DE ROQUETTE croquante

Pour 4 pers.
Prép. 20 min
Cuis. 5 min

200 g de roquette
100 g de haricots mangetout
1 botte d'asperges
2 c. à s. de vinaigre de xérès
3 c. à s. d'huile d'olive
1 pointe d'ail haché
Sel, poivre

Gardez juste les pointes des asperges. Faites-les cuire pendant 5 min dans une grande quantité d'eau salée, rafraîchissez dans de l'eau froide et égouttez.

Plongez les haricots mangetout dans une grande quantité d'eau salée bouillante pendant 1 min, rafraîchissez-les dans de l'eau froide et égouttez.

Mélangez les ingrédients, salez et poivrez. Servez aussitôt.

Salade croquante DE COURGETTES feta et framboises

Pour 4 pers.
Prép. 15 min
Cuis. 2 min

2 courgettes
100 g de feta
50 g de framboises
2 c. à s. de vinaigre de xérès
4 c. à s. d'huile d'olive
Sel, poivre

Ôtez les extrémités des courgettes et réalisez des tagliatelles à l'aide d'un économe ou d'une mandoline.

Plongez les tagliatelles de courgette pendant 2 min dans un grand volume d'eau bouillante salée. Passez-les sous l'eau froide pour les rafraîchir et égouttez-les.

Mélangez-les avec le vinaigre, l'huile d'olive et la feta. Assaisonnez et mélangez bien. Ajoutez les framboises et mélangez délicatement afin de ne pas les écraser.

Salade DE TOMATES à la provençale

Pour 4 pers.
Prép. 10 min

4 grosses tomates
10 olives noires
120 g de mozzarella
2 échalotes hachées
1 gousse d'ail hachée
5 feuilles de basilic
4 cl de vinaigre balsamique
3 cl d'huile d'olive
Sel, poivre

Lavez les tomates et ôtez le pédoncule. Coupez-les en rondelles. Coupez la mozzarella en tranches. Détaillez les olives en dés.

Disposez sur quatre assiettes les tomates et la mozzarella en alternant. Salez et poivrez à votre convenance.

Dans un bol, mélangez l'ail, les échalotes et les olives avec le vinaigre. Ajoutez l'huile d'olive. Assaisonnez.

Versez la vinaigrette sur les assiettes. Émincez les feuilles de basilic et parsemez-en la salade.

Tartare DE TOMATES aux olives

Pour 4 pers.
Prép. 25 min
Cuis. 2 min

6 tomates assez fermes
12 olives noires dénoyautées
4 tranches de pain aux céréales
80 g de chèvre frais
1 c. à s. de basilic émincé
10 cl d'huile d'olive
Un quart de botte de persil
Sel, poivre

Ôtez le pédoncule des tomates et plongez-les 30 secondes dans de l'eau bouillante. Rafraîchissez-les et ôtez leur peau. Coupez-les en 4, enlevez les graines et coupez la chair en dés.

Coupez les olives noires en rondelles ou en dés. Équeutez le persil et hachez-le grossièrement.

Faites toaster les tranches de pain aux céréales, puis coupez-les en 2 en biais. Malaxez le chèvre frais avec le basilic et un filet d'huile d'olive. Assaisonnez, tartinez les tranches de pain.

Réunissez dans un saladier les dés de tomates avec le persil, les olives et un filet d'huile d'olive. Assaisonnez et mélangez bien.

Dressez le tartare en cercle dans les assiettes et ajoutez 2 demi-tranches de pain au chèvre à côté.

CONCOMBRE
à l'orientale

Pour 4 pers.
Prép. 20 min
Repos 1 h

1 concombre
3 c. à s. d'huile d'olive
2 c. à s. de gros sel
1 c. à s. de vinaigre
1 gousse d'ail
Quelques feuilles de menthe fraîche ou quelques brins d'aneth
2 ou 3 yaourts bulgares ou nature
Sel, poivre blanc

Pelez le concombre et ouvrez-le en deux dans le sens de la longueur. Enlevez les graines. Posez les moitiés dans un grand plat, salez-les et laissez-les dégorger 20 min.

Rincez les moitiés de concombre et épongez-les. Coupez la chair du concombre en très petits dés ou râpez-le avec la lame à gros trous. Pelez et hachez l'ail. Rincez et ciselez la menthe.

Dans un saladier, versez les yaourts. Salez-les et arrosez-les avec l'huile et le vinaigre. Mélangez en y ajoutant l'ail haché.

Ajoutez les dés de concombre et mélangez encore. Salez et poivrez. Parsemez de menthe ciselée ou d'aneth et placez au réfrigérateur pendant au moins 1 h. Servez frais, accompagné de dés de pain ou de chips.

Salade AUX OLIVES et aux poivrons

Pour 6 pers.
Prép. 15 min
Marin. 2 h

1 bocal de poivrons marinés
500 g d'olives vertes et noires dénoyautées
1 citron
1 pointe de harissa
1 bouquet de persil plat haché
1 c. à c. de cumin moulu
4 c. à s. d'huile d'arachide
1 gousse d'ail
Sel

Sortez les poivrons marinés de leur bocal et égouttez-les soigneusement avant de les détailler en lanières. Mettez-les dans un saladier et mélangez-y les olives.

Arrosez de jus de citron, ajoutez la harissa, le persil, le cumin, l'huile et la gousse d'ail préalablement pelée et écrasée au presse-ail. Salez, puis mélangez bien.

Laissez mariner au moins 2 h avant de servir frais.

Salade CHOPSKA

Pour 4 pers.
Prép. 10 min

4 tomates
1 concombre
2 oignons blancs avec les tiges
4 filets d'huile d'olive
4 traits de vinaigre
1 petit bloc de fromage bulgare blanc dur
Quelques brins de ciboulette hachée

Lavez et séchez les tomates, puis coupez-les en dés. Faites de même avec le concombre. Répartissez ces deux ingrédients dans 4 assiettes.

Coupez les tiges et le bulbe des oignons blancs en petites lamelles. Répartissez-les par-dessus le mélange de tomates et concombre.

Versez un filet d'huile et un trait de vinaigre sur chaque préparation, puis râpez par-dessus le fromage bulgare. Décorez chaque assiette avec un peu de ciboulette et servez frais.

Salade DE TOMATES
sauce romesco

Pour 4 pers.
Prép. 45 min
Cuis. 20 min

400 g de tomates assorties (vertes, jaunes, cerises, noires, ananas, cœur-de-bœuf)
10 cl d'huile d'olive
50 g de câpres
50 g de cornichons au vinaigre
Une demi-botte de basilic
2 échalotes
Fleur de sel, poivre

Pour la sauce romesco :
4 poivrons secs dits romesco
100 g d'oignons jaunes hachés
3 tranches de pain rassis
50 cl de vinaigre de xérès
10 cl d'huile d'olive
Une demi-tête d'ail rose
100 g de tomates mûres

Préparez la sauce romesco : épépinez les poivrons, puis faites-les frire dans une poêle à l'huile d'olive avec le pain. Égouttez. Faites blondir les oignons à l'huile d'olive.

Sur une plaque légèrement huilée, faites rôtir au gril à 180 °C (th. 6) les gousses d'ail non épluchées et les tomates jusqu'à ce qu'elles soient dorées. Pelez-les.

Épépinez les tomates. Retirez la peau des gousses d'ail. Passez le tout au mixeur. Ajoutez l'huile d'olive, puis le vinaigre pour obtenir une sauce lisse.

Coupez les échalotes en rondelles. Effeuillez le basilic. Coupez les assortiments de tomates en gros morceaux. Ajoutez les cornichons et les câpres. Assaisonnez avec la fleur de sel, le poivre et l'huile.

Disposez les tomates sur les assiettes. Répartissez le basilic et les rondelles d'échalotes dessus. Accompagnez de la sauce romesco.

Salade COLESLAW

Pour 4 pers.
Prép. 10 min
Repos 2 h

Un demi-chou blanc
2 carottes
2 c. à c. de sucre en poudre
20 cl de lait
1 oignon émincé
Le jus d'un demi-citron
1 c. à s. de mayonnaise
3 cl de vinaigre de vin
Sel, poivre

Émincez finement le chou blanc. Épluchez et râpez les carottes.

Dans un saladier, mélangez le sucre, le lait, la mayonnaise, le jus de citron, le vinaigre et assaisonnez. Ajoutez le chou, les carottes et l'oignon.

Mélangez bien, puis recouvrez d'un film alimentaire. Laissez reposer au réfrigérateur pendant 2 h avant de servir.

Salade chaude DE QUINOA, CITROUILLE rôtie et pignons de pin

Pour 2 pers.
Prép. 20 min
Cuis. 30 min

100 g de quinoa blanc lavé
350 ml d'eau froide
200 g de chair de citrouille détaillée en petits morceaux
3 c. à s. d'huile d'olive
1/4 c. à c. de poivre de Cayenne
20 g de pignons de pin
25 g de persil plat frais, haché grossièrement
20 g de jeunes épinards
Le jus d'un quart de citron
Sel, poivre

Versez le quinoa dans une casserole. Ajoutez l'eau, portez à ébullition puis couvrez et laissez mijoter 10 min à feu doux. Éteignez le feu, mais laissez la casserole couverte pendant 7 min supplémentaires pour permettre aux grains de gonfler. Aérez à l'aide d'une fourchette.

Pendant ce temps, placez la citrouille dans une grande rôtissoire avec 2 c. à s. d'huile, saupoudrez de poivre de Cayenne et d'une pincée de sel, selon votre goût, et remuez bien le tout.

Faites rôtir pendant 25 min à 180 °C (th. 6), ou jusqu'à ce que les bords soient craquants et que le cœur soit tendre. Versez dans un saladier.

Faites griller les pignons de pin à sec dans une poêle à frire sur feu vif, jusqu'à obtention d'une couleur dorée, puis incorporez-les à la citrouille dans le saladier.

Mélangez doucement le quinoa, le persil et les épinards sans les abîmer ; assaisonnez selon votre goût.

Divisez la salade dans deux assiettes, versez-y l'huile et le jus de citron restants en filet.

Salade
ORIENTALE

Pour 4 pers.
Prép. 35 min
Cuis. 45 min

4 tomates
2 poivrons
400 g de haricots verts
150 g de riz
2 gousses d'ail
1 bouquet de coriandre
4 filets d'anchois
1 c. à s. de vinaigre
5 c. à s. d'huile d'olive

Posez les poivrons sous le gril de votre four jusqu'à ce que la peau devienne noire et cloquée sur toutes les faces. Enfermez-les dans un sac en plastique pendant 15 min.

Débarrassez les poivrons de leurs graines et de leur peau, puis découpez-les en lanières fines. Pelez et hachez l'ail.

Ébouillantez les tomates, passez-les sous l'eau froide et pelez-les. Coupez-les en deux et enlevez les graines. Pressez les tomates dans une passoire, puis faites-les revenir dans de l'huile d'olive avec l'ail haché.

Équeutez et lavez les haricots verts. Faites-les cuire 10 min dans de l'eau bouillante. Faites cuire le riz dans de l'eau bouillante salée.

Triez, lavez et hachez la coriandre. Coupez les filets d'anchois en petits dés. Réunissez tous les éléments dans un saladier, assaisonnez avec le sel et le poivre, le vinaigre, l'huile d'olive.

Véritable SALADE CÉSAR

Pour 4 pers.
Prép. 25 min
Cuis. 10 min

2 œufs
1 gousse d'ail
100 g de lardons fumés
1 tranche de pain sec
Huile d'olive
4 filets d'anchois
Le jus de 2 citrons
200 g de parmesan râpé
1 salade romaine
Sel, poivre

Faites bouillir une casserole d'eau salée, puis plongez-y les œufs pendant 10 secondes environ. Passez-les sous l'eau froide et réservez.

Pelez et hachez la gousse d'ail. Faites dorer les lardons dans une poêle à sec (sans ajout de matière grasse). Écroûtez la tranche de pain et détaillez-la en petits croûtons.

Retirez les lardons de la poêle, mais conservez leur jus de cuisson. Faites-y dorer les croûtons de pain avec l'ail haché. Déposez ces croûtons sur du papier absorbant.

Versez un trait d'huile dans un mortier. Ajoutez-y les filets d'anchois et le jus de citron. Poivrez et écrasez le tout au pilon jusqu'à l'obtention d'une pâte lisse. Cassez les œufs dans ce mélange et incorporez le parmesan râpé. Mélangez tous les ingrédients.

Lavez la salade et répartissez-la sans 4 assiettes. Répartissez les lardons et les croûtons de pain, puis la sauce aux anchois. Servez aussitôt.

Salade NIÇOISE

Pour 4 pers.
Prép. 20 min
Cuis. 20 min

4 œufs
8 filets d'anchois à l'huile
1 boîte de thon
100 g de haricots verts
1 laitue
1 poivron rouge
1 branche de céleri
20 olives noires
2 oignons de printemps
3 cl de vinaigre de vin
4 cl d'huile d'olive
Sel, poivre

Effilez les haricots verts et faites-les cuire départ eau bouillante salée. Une fois cuits, rafraîchissez-les pour garder leur couleur.

Faites cuire les œufs 10 min (départ eau bouillante salée) et refroidissez-les. Écalez-les et coupez-les en quatre. Émiettez le thon. Émincez les oignons de printemps.

Effeuillez la laitue et lavez-la rapidement. Coupez et épépinez le poivron, coupez la chair en lanières. Émincez la branche de céleri.

Réunissez tous les ingrédients dans un saladier et assaisonnez avec sel et poivre, le vinaigre et l'huile d'olive. Servez bien frais.

Salade GRECQUE

Pour 4 pers.
Prép. 20 min

1 salade feuille de chêne
1 boîte de poivrons rouges pelés
Un demi-concombre
1 yaourt
1 pincée de fenugrec
Le jus d'un demi-citron
3 c. à s. d'huile d'olive
200 g de feta
4 tomates
20 olives noires

Lavez la salade et essorez-la. Coupez le concombre en rondelles. Égouttez les poivrons et coupez-les en lanières.

Épluchez et écrasez l'ail. Mélangez le yaourt, le jus de citron, l'ail, l'huile d'olive, le fenugrec et assaisonnez. Coupez la feta en petit dés.

Lavez les tomates et coupez-les en quartiers.

Dressez la salade sur les assiettes, parsemez-la de lanières de poivrons, de rondelles de concombre, de quartiers de tomate, de dés de feta et d'olives noires. Assaisonnez-la de sauce au yaourt.

Salade D'AVOCAT AUX CREVETTES et pamplemousse

Pour 4 pers.
Prép. 20 min

24 crevettes roses
2 avocats
1 pamplemousse
80 g de pousses de soja
5 feuilles de coriandre
Un demi-citron

Pour l'assaisonnement :
1 c. à s. de mayonnaise
2 gouttes de Tabasco
1 filet d'huile d'olive
Sel, poivre

Épluchez et coupez les avocats en deux. Enlevez le noyau et recoupez-les en deux dans le sens de la longueur. Citronnez les tranches pour qu'elles ne noircissent pas.

Pelez le pamplemousse à vif et récupérez les quartiers de pulpe. Coupez-les en dés. Décortiquez les crevettes et coupez les queues en petits morceaux. Ciselez les feuilles de coriandre.

Dans un saladier, mélangez les crevettes avec les pousses de soja, le pamplemousse, la coriandre, la mayonnaise et le Tabasco. Ajoutez un filet d'huile d'olive et assaisonnez le tout.

Dans quatre assiettes, posez une tranche d'avocat, puis un peu de salade de crevettes et une autre tranche d'avocat. Servez bien frais.

Salade DE PÂTES
à la mozzarella et basilic

Pour 4 pers.
Prép. 15 min
Cuis. 10 min

100 g de mozzarella-cerise
100 g de tomates-cerises
4 feuilles de basilic haché
Une demi-gousse d'ail hachée
1 c. à s. de moutarde de Dijon
2 c. à s. de vinaigre de xérès
5 c. à s. d'huile d'olive
100 g de pâtes au choix

Faites cuire les pâtes dans un grand volume d'eau bouillante salée (selon le temps indiqué sur le paquet). Rafraîchissez-les et égouttez-les.

Réalisez une vinaigrette avec la moutarde, le vinaigre et l'huile d'olive.

Dans un saladier, mélangez les pâtes, la mozarella, les tomates et le basilic. Ajoutez la vinaigrette, remuez bien et rectifiez l'assaisonnement si besoin.

TABOULÉ

Pour 4 pers.
Prép. 20 min
Cuis. 20 min
Repos 2 h

200 g de semoule
1 bouquet de persil
1 bouquet de menthe
4 citrons
4 échalotes
2 tomates
Un demi-concombre
10 c. à s. d'huile d'olive
Sel, poivre

Faites cuire la semoule à la vapeur pendant 10 min, puis roulez-la dans vos mains pour séparer les grains. Renouvelez l'opération deux fois.

Pelez les tomates et coupez-les en 2. Ôtez les graines et détaillez la chair en dés. Triez, lavez et hachez le persil et la menthe.

Pelez et hachez les échalotes. Pelez le concombre et ôtez les graines, puis découpez-le en dés. Pressez les citrons.

Dans un saladier, mélangez tous les ingrédients. Arrosez avec le jus des citrons et l'huile d'olive. Salez, poivrez, puis mélangez délicatement. Laissez reposer au moins 2 h au réfrigérateur avant de servir.

Salade DE BOULGOUR aux petits légumes

Pour 4 pers.
Prép. 15 min
Cuis. 10 min
Repos 1 h

150 g de boulgour
1 courgette coupée en dés
1 carotte coupée en dés
1 tige de céleri-branche émincée
1 bulbe de fenouil

Pour l'assaisonnement :
12 feuilles de menthe ciselées
4 gouttes de Tabasco
4 cl d'huile d'olive
Sel, poivre

Faites cuire le boulgour pendant 10 min à l'eau bouillante salée et refroidissez-le.

Faites cuire séparément la courgette et la carotte en dés à l'eau bouillante salée pendant 3 min. Refroidissez-les et égouttez-les.

Coupez le fenouil en deux et émincez le cœur.

Mélangez le boulgour avec la courgette, la carotte, le fenouil et le céleri-branche. Assaisonnez, ajoutez le Tabasco, l'huile d'olive et la menthe.

Recouvrez le plat d'un film alimentaire et laissez reposer 1 h au réfrigérateur. Servez bien frais.

Salade DE SEMOULE COMPLÈTE

Pour 6 pers.
Prép. 10 min
Cuis. 20 min
Marin. 3 h

150 g de semoule de couscous complète
400 g de tomates
1 gros poivron rouge
Un demi-concombre
1 petit bouquet de persil plat
3 c. à s. de jus de citron
2 c. à s. de raisins secs
Sel

Pour la sauce :
1/2 c. à c. de curry
1/2 c. à c. de semoule d'ail
2 c. à s. de vinaigre de xérès
4 c. à s. d'huile d'olive
1 c. à s. d'huile de noix
Sel

Bon à savoir : *Huilez votre semoule avant d'ajouter l'eau bouillante.*

Faites bouillir 15 cl d'eau avec 1 c. à c. de sel fin. Versez sur la semoule, couvrez et laissez reposer jusqu'à ce que tout le liquide soit absorbé. Faites tremper les raisins dans de l'eau tiède.

Glissez le poivron sous le gril du four et laissez-le noircir de tous côtés en le tournant régulièrement. Pelez les tomates, retirez les graines et coupez la pulpe en dés. Coupez le concombre en petits dés. Hachez finement le persil.

Retirez la peau, le pédoncule, les graines et les filaments du poivron. Coupez la pulpe en petits carrés.

Travaillez la semoule à la main pour l'égrener. Ajoutez les tomates, le poivron, le concombre, les raisins égouttés, le persil et le jus de citron. Mélangez soigneusement.

Préparez la sauce : mélangez tous les ingrédients dans un bol et émulsionnez le tout à la fourchette. Versez sur la salade, mélangez et laissez macérer au moins 3 h au frais.

Salade DE POULET et de tomates confites

Pour 4 pers.
Prép. 25 min
Cuis. 5 min
Marin. 30 min

3 blancs de poulet
30 g de tomates confites
100 g de mesclun
1 filet d'huile d'olive

Pour la marinade :
2 cl de sauce de soja
3 gouttes de Tabasco
1 pointe de curry
1 feuille de laurier
1 branche de thym-citron
Sel, poivre

Variante : Ajoutez quelques tomates-cerises et un demi-concombre coupé en rondelles.

Coupez les blancs de poulet en lanières et mettez-les dans un plat avec le curry, le Tabasco, le laurier, le thym et la sauce de soja. Assaisonnez et mélangez le tout. Recouvrez d'un film alimentaire et laissez au réfrigérateur pendant 30 min.

Égouttez les lanières de poulet en conservant la marinade. Faites chauffer une poêle avec de l'huile d'olive et faites cuire la viande 2 min de chaque côté. Ajoutez les tomates confites et laissez refroidir.

Répartissez le mesclun sur quatre assiettes. Ajoutez le mélange poulet-tomates confites et arrosez le tout de marinade.

Salade DE MÂCHE AUX NOIX et figues

Pour 4 pers.
Prép. 20 min
Cuis. 10 min

250 g de mâche
4 poires
8 figues fraîches
150 g de tofu en cubes
8 cerneaux de noix
4 à 6 c. à s. de vinaigrette aux herbes

Lavez soigneusement la mâche et essorez-la. Épluchez les poires, puis coupez-les en lamelles. Coupez les figues en quartiers.

Mettez les petits morceaux de tofu dans une poêle et faites-les dorer à sec sur toutes les faces.

Mettez la mâche dans un saladier. Ajoutez-y les poires, les figues, les noix et le tofu. Arrosez de vinaigrette et mélangez délicatement.

Salade
AU BLEU ET POIRES

Pour 4 pers.
Prép. 10 min

120 g de bleu d'Auvergne
4 poires un peu juteuses
10 g de raisins secs
4 cerneaux de noix
2 cl de porto
2 cl de vinaigre de xérès
1 c. à c. de moutarde
4 cl d'huile de colza

Coupez le bleu en dés. Épluchez les poires, ôtez leur cœur et coupez-les en lamelles fines.

Dans un bol, mélangez la moutarde avec le porto, le vinaigre, le sel et le poivre. Incorporez ensuite l'huile de colza.

Mélangez tous les ingrédients dans un saladier et répartissez-les dans quatre assiettes. Arrosez le tout de vinaigrette.

Salade DE RIZ SAUVAGE aux poireaux

Pour 4 pers.
Prép. 15 min
Cuis. 15 min
Repos 1 h

200 g de riz long grain
2 blancs de poireaux
1 pointe de safran
10 cl d'huile d'olive
2 c. à s. d'œufs de lump noirs
5 c. à s. de vinaigre de vin
Sel, poivre

Faites cuire le riz dans de l'eau bouillante salée (selon le temps de cuisson indiqué sur le paquet), puis égouttez-le et laissez refroidir. Ajoutez le safran.

Coupez les blancs de poireaux en rondelles et faites-les cuire pendant 5 min au moins (départ eau bouillante salée). Égouttez-les.

Réunissez tous les ingrédients dans un saladier, assaisonnez et mélangez. Laissez reposer pendant 1 h au réfrigérateur.

Salade DE POMMES DE TERRE aux oignons confits

Pour 4 pers.
Prép. 20 min
Cuis. 30 min
Marin. 30 min

300 g de pommes de terre
500 g d'oignons
100 g d'olives noires
2 c. à s. de sucre
10 cl de vin blanc
2 c. à c. de vinaigre de xérès
2 c. à s. de ciboulette ciselée
1 feuille de laurier
2 gousses d'ail
2 c. à s. d'huile d'olive
Gos sel, poivre

Pour la sauce :
1 c. à c. de moutarde forte
1 c. à c. de purée d'ail en pot
2 c. à s. de vinaigre de vin blanc
3 c. à s. d'huile d'olive
1 c. à s. d'huile de colza
Sel

Lavez les pommes de terre, mettez-les dans une casserole d'eau froide avec 2 gousses d'ail coupées en deux, le laurier et du gros sel. Portez à ébullition et laissez cuire 25 min.

Pelez les oignons et coupez-les en lamelles fines. Faites-les blondir avec 2 c. à s. d'huile d'olive, saupoudrez-les de sucre et laissez-les confire 15 min, en remuant de temps en temps. Ajoutez le vinaigre, mélangez et retirez du feu.

Égouttez les pommes de terre, pelez-les et coupez-les en rondelles. Portez le vin blanc à ébullition avec 10 cl d'eau. Arrosez-en les pommes de terre. Poivrez généreusement.

Préparez la sauce : mélangez la moutarde avec la purée d'ail, le vinaigre et du sel. Ajoutez les huiles et émulsionnez la sauce à la fourchette. Versez sur les pommes de terre et mélangez délicatement pour ne pas les briser. Ajoutez les oignons et laissez macérer de 30 min.

Dénoyautez les olives et coupez-les en éclats. Ajoutez-les à la salade et parsemez de ciboulette.

Salade DE FENOUIL au roquefort

Pour 4 pers.
Prép. 25 min

2 bulbes de fenouil
1 branche de céleri
1 c. à s. de tapenade
200 g de roquefort
100 g de raisins secs
1 citron
100 g de cerneaux de noix
4 c. à s. d'huile d'olive
Sel, poivre

Variante : *Vous pouvez ajouter quelques feuilles de menthe avant de servir.*

Laissez tremper les raisins secs pendant 10 min dans de l'eau tiède. Lavez les bulbes de fenouil et le céleri, puis émincez-les le plus finement possible ou alors passez-les dans un robot pour en faire des rondelles fines.

Dans un saladier, assaisonnez le fenouil et le céleri avec le jus de citron, la tapenade et l'huile d'olive, salez et poivrez. Laissez mariner pendant 30 min. Coupez le roquefort en dés.

Répartissez le fenouil et le céleri dans les assiettes, ajoutez les dés de roquefort, les raisins secs et les cerneaux de noix.

Salade DE LENTILLES au lard

Pour 4 pers.
Prép. 15 min
Cuis. 35 min

400 g de lentilles vertes (ou blondes)
250 g de lard maigre de poitrine
10 cl d'huile de noix
2 c. à s. de vinaigre de vin
1 oignon
Persil plat
Bouquet garni
Sel, poivre

Faites cuire les lentilles dans un grand volume d'eau salée pendant 30 min avec l'oignon et le bouquet garni. Réservez.

Coupez le lard en lardons et faites-les revenir à la poêle jusqu'à ce qu'ils soient dorés.

Dans un saladier, mélangez l'huile et le vinaigre, puis poivrez.

Ajoutez les lardons avec leur graisse, versez les lentilles tièdes, mélangez. Parsemez de persil ciselé et servez sans attendre.

Salade ROUGE ET VERTE

Pour 4 pers.
Prép. 15 min
Repos 15 min

1 gros avocat
4 pincées de semoule d'ail
4-5 tomates
Quelques gouttes de sauce Tabasco
2 brins de coriandre
2 c. à s. d'huile d'olive
2 c. à s. de jus de citron
Quelques feuilles de salade
1/2 c. à c. de sucre
Sel

Pelez les tomates, retirez les graines et coupez la pulpe en dés. Mettez ces derniers dans une passoire, saupoudrez-les de sel et de sucre. Laissez-les reposer 15 min.

Coupez l'avocat en deux, ôtez le noyau et la peau, coupez la chair en dés. Arrosez-les avec le jus de citron, salez, ajoutez 2 pincées de semoule d'ail et quelques gouttes de Tabasco. Mélangez délicatement.

Hachez la coriandre. Tapissez un petit plat creux avec les feuilles de salade.

Ajoutez l'huile et le reste de la semoule d'ail aux tomates. Mélangez, puis ajoutez l'avocat. Déposez le tout sur la salade, parsemez de coriandre et servez.

Salade DE POMMES DE TERRE au thon

Pour 4 pers.
Prép. 20 min
Cuis. 25 min

750 à 800 g de pommes de terre (Belle de Fontenay)
1 boîte de thon à l'huile
1 citron
1 échalote
Un demi-verre de vin blanc
4 c. à s. d'huile
1 oignon
1/2 c. à c. de fleurs de thym
1 feuille de laurier
Quelques graines de coriandre
Sel, cayenne

Égouttez le thon et émiettez-le. Arrosez-le de jus de citron.

Lavez les pommes de terre. Faites-les cuire dans une casserole d'eau salée pendant 25 min environ. Testez la cuisson avec une fourchette avant de les sortir du récipient.

Pelez l'échalote et hachez-la.

Pelez les pommes de terre encore chaudes et coupez-les en rondelles pas trop fines. Déposez-les au fur et à mesure dans un saladier. Saupoudrez-les d'échalote hachée et arrosez-les de vin blanc sec. Laissez les pommes de terre s'en imprégner.

Ajoutez les miettes de thon dans le saladier lorsque les pommes de terre sont froides. Ajoutez à la vinaigrette l'huile de la boîte de conserve et versez le tout sur les ingrédients du saladier. Goûtez et rectifiez l'assaisonnement. Servez froid.

Mesclun AU SAUMON FUMÉ

Pour 4 pers.
Prép. 30 min
Marin. 15 min

200 g de saumon fumé
800 g de mesclun
2 citrons
1 échalote
1 petit bouquet de persil
1 petit bouquet de ciboulette
1 petit bouquet d'aneth
1 petit bouquet de cerfeuil
4 c. à s. d'huile d'olive
2 c. à s. de vinaigre
Fleur de sel, poivre

Coupez le poisson en escalopes le plus finement possible, disposez-les sur un plat assez grand pour que les tranches ne se superposent pas.

Pelez et hachez finement l'échalote, lavez et hachez le persil, la ciboulette et l'aneth. Lavez et effeuillez le cerfeuil.

Pressez les citrons, versez le jus sur le poisson, salez et poivrez. Répartissez ensuite l'échalote et les herbes, puis versez l'huile d'olive. Laissez mariner au frais pendant 15 min.

Triez, lavez le mesclun, assaisonnez-le et répartissez-le sur les assiettes. Ajoutez le saumon mariné et parsemez de pluches de cerfeuil.

Salade DE POULPE

Pour 4 pers.
Prép. 20 min
Cuis. 40 min
Repos 45 min

1 kg de poulpe
2 gousses d'ail
1 c. à s. de persil plat haché
Le jus d'1 citron
3 c. à s. d'huile d'olive
Sel, poivre

Nettoyez le poulpe sous l'eau claire. Séparez la tête des tentacules puis retournez la tête et ôtez les organes. Extrayez le bec au milieu des tentacules puis retirez les yeux.

Mettez le poulpe dans une cocotte minute, couvrez-le d'eau et faites-le cuire pendant au moins 40 min. Égouttez-le puis nettoyez-le de nouveau à l'eau claire. Coupez-le en petits morceaux et laissez refroidir.

Pelez et hachez les gousses d'ail. Dans un saladier, versez les morceaux de poulpe, puis assaisonnez avec l'huile d'olive, l'ail et le persil plat hachés, le jus de citron, le sel et le poivre. Mélangez, mettez un film alimentaire sur le saladier et placez au réfrigérateur pour 45 min.

Variante : *Vous pouvez ajouter à votre salade 2 tomates et un demi-concombre coupés en petits dés.*

Salade DE PAIN D'ÉPICES et foie gras

Pour 4 pers.
Prép. 20 min

150 g de salade
3 tranches de pain d'épices
4 tranches de foie gras frais (160 g)
Un demi-oignon rouge
1 c. à s. de moutarde de Dijon
1 c. à s. de miel
1 c. à s. de vinaigre de xérès
3 c. à s. d'huile de noix
Sel, poivre

Coupez le pain d'épices en petits cubes. Épluchez et coupez l'oignon en lamelles fines.

Confectionnez une vinaigrette avec la moutarde, l'huile, le vinaigre et le miel.

Versez la vinaigrette sur la salade et mélangez-la avec le pain d'épices et les lamelles d'oignon.

Faites chauffer une sauteuse sans ajout de matière grasse. Saisissez les tranches de foie gras à feu très vif pendant 30 secondes.

Déposez les tranches dans chaque assiette, accompagnées de la salade au pain d'épices.

Variante : *Vous pouvez remplacer le foie gras poêlé par des cubes de foie gras mi-cuit (100 g), à incorporer dans la salade en même temps que le pain d'épices.*

Salade DE PÂTES au pesto

Pour 4 pers.
Prép. 10 min
Cuis. 10 min
Repos 1 h

400 g de pennes
5-6 tomates-cerises
30 g de copeaux de parmesan
20 g de pignons de pin
12 feuilles de basilic
1 gousse d'ail hachée
3 cl de vinaigre balsamique
10 cl d'huile d'olive
Sel, poivre

Faites cuire les penne dans un grand volume de l'eau bouillante salée pendant 10 min. Égouttez-les et refroidissez-les.

Dans un bol de mixeur, mettez l'ail, les pignons de pin, le basilic et le parmesan. Mixez et incorporez l'huile d'olive. Assaisonnez.

Mettez les penne dans un saladier, ajoutez les tomates-cerises coupées en 2 et le vinaigre. Mélangez bien et arrosez avec la sauce pesto. Laissez reposer pendant 1 h au réfrigérateur avant de servir.

Salade DE PISSENLIT aux œufs durs

Pour 4 pers.
Prép. 10 min
Cuis. 10 min

200 g de lardons
2 pommes de terre cuites à l'eau
4 œufs
300 g de jeunes pissenlits
2 tomates séchées
4 cl de vinaigrette
5 cl de vinaigre de xérès

Faites cuire les œufs (départ eau bouillante salée) pendant 10 min. Refroidissez-les, écalez-les et coupez- les en quartiers.

Triez et lavez les pissenlits. Mélangez-les délicatement avec les œufs durs, les cubes de pommes de terre et les tomates séchées. Ajoutez la vinaigrette et mélangez. Disposez la salade sur quatre assiettes.

Faites sauter les lardons dans une poêle sans matière grasse. Dès qu'ils sont légèrement colorés, ajoutez le vinaigre et faites bouillir. Répartissez le tout sur les assiettes.

Variante : *Pour une salade encore plus originale, ajoutez quelques morceaux de camembert.*

Salade DE QUINOA aux pois chiches et tomates

Pour 6 pers.
Prép. 25 min
Cuis. 15 min

200 g de quinoa
8-10 tomates-cerises
1 boîte de pois chiches
150 g de feta
Sel

Pour la vinaigrette :
1 botte d'oignons nouveaux
1 c. à s. de moutarde
2 c. à s. de jus de citron
4 c. à s. d'huile d'olive
1 c. à s. de menthe fraîche hachée
1 c. à s. de ciboulette fraîche hachée
Sel, poivre

Remplissez une casserole d'eau et salez-la. Portez à ébullition, puis faites-y cuire le quinoa pendant environ 15 min. Laissez-le ensuite complètement refroidir.

Égouttez les pois chiches. Coupez les tomates-cerises en quartiers. Émiettez la feta.

Préparez la vinaigrette : coupez finement les oignons. Dans un plat creux, mélangez la moutarde, le jus de citron, l'huile d'olive, la menthe, la ciboulette et les oignons.

Incorporez dans la sauce le quinoa, la feta, les tomates-cerises et les pois chiches. Mélangez bien. Laissez la préparation au réfrigérateur jusqu'au moment de la servir.

Salade DE PASTÈQUE à la feta

Pour 4 pers.
Prép. 10 min

800 g de chair de pastèque
1 demi-tranche de feta
Le jus d'un demi-citron
Quelques feuilles de basilic

Coupez la pastèque en tranches, puis ôtez la peau. Détaillez-la ensuite en cubes grossiers.

Coupez la demi-tranche de feta en petits cubes.

Mélangez la feta et la pastèque, puis ajoutez le jus de citron et quelques feuilles de basilic ciselées. Salez si besoin.

Pour varier, vous pouvez ajouter une petite courgette coupée en dés de 0,5 cm.

Salade
DE CHOU ROUGE
aux pommes reinette

Pour 4 pers.
Prép. 25 min
Cuis. 10 min
Repos 2 h

Un demi-chou rouge
2 pommes reinette
2 oignons hachés
3 pincées de sucre
15 cl de vinaigre de xérès
10 cl d'huile d'olive
1 c. à s. de jus de citron
Sel, poivre

Faites chauffer une casserole avec un filet d'huile d'olive, ajoutez les oignons hachés avec le sucre. Laissez-les blondir pendant 5 min, assaisonnez et ajoutez le vinaigre. Laissez cuire pendant 2-3 min.

Ôtez le cœur du chou et émincez-le finement. Épluchez les pommes, évidez-les et coupez-les en dés. Citronnez-les légèrement.

Dans un saladier, mélangez le chou avec les pommes et la compotée d'oignons vinaigrée. Assaisonnez, entourez le récipient d'un film alimentaire et laissez reposer pendant 2 h au frais.

Salade DE CAROTTES au miel et à la coriandre

Pour 4 pers.
Prép. 10 min
Repos 30 min

8 carottes
1 c. à s. de miel
Le jus d'une orange
Le jus d'un citron
10 feuilles de coriandre
3 cl d'huile d'olive
Sel, poivre

Lavez, épluchez et râpez les carottes. Émincez les feuilles de coriandre et ajoutez-les aux carottes.

Dans un bol, mélangez le miel avec les jus d'agrumes, sel et poivre. Ajoutez l'huile d'olive. Versez le tout sur les carottes.

Recouvrez le plat d'un film alimentaire et laissez reposer pendant 30 min au réfrigérateur.

POIS GOURMANDS
en salade

Pour 4 pers.
Prép. 10 min
Cuis. 30 min

Un demi-oignon rouge
4 pommes de terre
300 g de pois gourmands
Quelques brins de ciboulette
1 petit bouquet de cerfeuil

Pour la vinaigrette :
2 c. à s. d'huile de tournesol
1 c. à c. de condiment Savora
2 c. à s. de vinaigre de xérès
1 c. à c. d'eau faiblement minéralisée
1 c. à s. d'huile de pépins de raisin
Sel

Pelez les pommes de terre, coupez-les en quartiers et faites-les cuire 20min, départ eau froide.

Équeutez les pois gourmands et lavez-les. Faites-les cuire 8 min à découvert dans une casserole d'eau bouillante.

Égouttez les pois et plongez-les dans de l'eau glacée. Coupez l'oignon rouge en fines rondelles.

Ciselez la ciboulette et le cerfeuil. Mélangez le condiment Savora avec du sel et le vinaigre. Ajoutez les huiles et l'eau. Émulsionnez la sauce.

Mettez les pois bien égouttés dans un plat creux avec l'oignon et les pommes de terre. Versez la vinaigrette dessus, ajoutez les herbes et mélangez délicatement.

Salade D'ALGUES et de concombre

Pour 2 pers.
Prép. 10 min
Repos 10 min

1 sachet d'algues wakame séchées
1 petit concombre
50 g de graines de sésame
1 c. à s. de vinaigre de riz
1/2 c. à c. de sucre en poudre
1 c. à c. de sauce de soja
1 c. à c. de gingembre moulu
Sel

Mettez les algues séchées dans un grand plat creux et recouvrez-les d'eau froide. Laissez-les gonfler pendant 10 min environ.

Pendant ce temps, pelez le concombre et fendez-le en deux dans sa longueur. Épépinez-le soigneusement, puis coupez-le en lamelles fines.

Égouttez soigneusement les algues et mélangez-les aux petits morceaux de concombre.

Préparez une vinaigrette en mélangeant à la fourchette le vinaigre de riz, le sucre, la sauce de soja, le gingembre moulu et une pincée de sel.

Versez cette vinaigrette sur le mélange d'algues et de concombre. Mélangez délicatement, parsemez de graines de sésame et servez frais.

Salade DE PÂTES à la sicilienne

Pour 4 pers.
Prép. 15 min
Cuis. 10 min

400 g de penne
4 tomates
3 filets d'anchois
200 g d'olives vertes et noires dénoyautées
100 g de fromage de chèvre frais
10 cl d'huile d'olive
Origan
Sel, poivre

Ébouillantez les tomates, passez-les sous l'eau froide et pelez-les. Coupez les tomates en deux et enlevez les graines, puis coupez la chair en lanières. Coupez les olives ainsi que le fromage en dés et les anchois en petits morceaux.

Dans un saladier, mélangez tous les ingrédients avec l'huile d'olive, assaisonnez.

Faites cuire les pâtes dans une grande quantité d'eau bouillante salée (selon le temps de cuisson figurant sur le paquet). Passez-les sous l'eau froide et égouttez-les.

Mélangez les pâtes froides à la préparation dans le saladier.

BETTERAVES CRUES
en salade

Pour 4 pers.
Prép. 10 min

2 petites betteraves rondes, crues, d'environ 6 cm de diamètre
Quelques branches de cerfeuil
1/2 c. à c. de moutarde forte
1 échalote
1 c. à s. de jus de citron
100 g de feta
2 c. à s. d'huile d'olive
1 c. à s. de pignons de pin
Sel, poivre

Pelez les betteraves avec un couteau économe et râpez-les. Pelez l'échalote et hachez-la.

Émiettez la feta. Émincez le cerfeuil avec des ciseaux.

Mélangez la moutarde avec le jus de citron, l'échalote, du sel et du poivre. Ajoutez l'huile et émulsionnez la sauce à la fourchette.

Assaisonnez la betterave avec la sauce. Ajoutez la feta et les pignons. Parsemez de cerfeuil et servez.

Salade DE RAIE au jus de truffe

Pour 4 pers.
Prép. 20 min
Cuis. 20 min

4 petites ailes de raie
10 cl de jus de truffe
150 g de champignons de Paris
1 bouquet de ciboulette
200 g de mesclun
50 cl de fumet de poisson
6 c. à s. de d'huile de tournesol
Sel, poivre

Portez à ébullition le fumet de poisson, puis plongez-y les ailes de raie et laissez frémir pendant 15 à 20 min. Ôtez-les de la casserole et placez-les au réfrigérateur.

Mélangez l'huile et le jus de truffe, assaisonnez. Lavez et hachez la ciboulette. Lavez et coupez les champignons en lamelles fines. Enlevez le cartilage des ailes de raie et effeuillez-les.

Déposez un peu de mesclun dans chaque assiette, puis des morceaux de raie, les champignons en lamelles et arrosez de sauce au jus de truffe, parsemez de ciboulette hachée.

Mesclun EN CARPACCIO de haddock mariné

Pour 4 pers.
Prép. 10 min
Marin. 20 min

4 filets de haddock fumé
150 g de mesclun
10 tomates confites coupées en petits dés
1 citron vert
1 filet de vinaigre balsamique
8 cl d'huile d'olive
Sel, poivre

Coupez les filets de haddock en tranches très fines et disposez-les à plat sur quatre assiettes.

Pressez le jus du citron vert et mélangez-le avec l'huile d'olive, sel et poivre. Badigeonnez les carpaccios de haddock avec la sauce et ajoutez les tomates confites. Recouvrez les assiettes d'un film alimentaire et laissez mariner pendant 20 min au réfrigérateur.

Assaisonnez le mesclun avec un filet de vinaigre et d'huile, sel, poivre. Répartissez sur le carpaccio.

Salade DE QUEUES D'ÉCREVISSES aux jeunes poireaux

Pour 4 pers.
Prép. 15 min
Cuis. 10 min

120 g de queues d'écrevisses cuites
5 jeunes poireaux fins
80 g de pousses d'épinard
8 tomates-cerises
5 cornichons coupés en petits dés
10 feuilles d'aneth
2 échalotes hachées
3 gouttes de Tabasco
4 cl de vinaigrette
1 filet d'huile d'olive
Sel, poivre

Fendez les poireaux en deux et lavez-les. Coupez-les en biseau ou en tranches épaisses et faites-les cuire à la vapeur (ils doivent rester croquants). Rafraîchissez-les.

Triez et lavez les pousses d'épinard. Égouttez les queues d'écrevisse et décortiquez-les.

Dans un bol, mélangez les cornichons, les échalotes, les feuilles d'aneth, le Tabasco et la vinaigrette.

Mélangez les poireaux avec les pousses d'épinard, les queues d'écrevisse et les tomates-cerises. Arrosez le tout avec la sauce et laissez couler un filet d'huile d'olive dessus.

Salade THAÏE

Pour 4 pers.
Prép. 40 min
Cuis. 10 min

50 g de carotte
50 g de chou blanc
200 g de filet de porc
200 g de blanc de poulet (sans la peau)
200 g de crevettes bouquet
3 c. à s. de pâte de curry grillée
3 c. à s. de sauce de poisson
3 c. à s. de sucre
3 c. à s. de jus de citron
50 g de noix de cajou concassées
3 c. à s. d'huile
Quelques feuilles de salade

Grattez la carotte. Lavez et parez le chou blanc. Coupez ces deux ingrédients en lanières très fines. Lavez et essorez les feuilles de salade. Disposez-les sur un plat de service.

Taillez la viande de porc et de poulet en lanières d'environ 3 cm de long pour 1 cm de large. Faites-les cuire séparément à feu moyen, pendant 2 min chacun, dans 1 c. à s. d'huile. Disposez-les sur le lit de salade.

Faites revenir les crevettes décortiquées pendant 1 ou 2 min dans le reste d'huile. Laissez-les un peu refroidir, puis disposez- les sur le lit de salade.

Dans un poêlon, délayez la pâte de curry, la sauce de poisson et le sucre avec un peu d'eau. Portez à ébullition puis, hors du feu, ajoutez le jus de citron et les noix de cajou. Mélangez bien. Laissez un peu refroidir, puis arrosez les deux viandes et les crevettes avec cette sauce.

Salade tiède DE BŒUF à la thaïlandaise

Pour 4 pers.
Prép. 30 min

400 g de bœuf à fondue
4 carottes
2 poivrons
200 g de germes de soja
2 piments longs
4 c. à s. de sauce de soja
1 c. à s. d'huile de sésame
3 c. à s. d'huile d'arachide
50 g de graines de sésame doré

Lavez les piments, coupez-les en deux dans la longueur, enlevez les graines et émincez-les très finement. Coupez le bœuf en lamelles fines, faites-le mariner dans un bol avec la moitié de la sauce de soja et la moitié des piments.

Épluchez et lavez les carottes, puis râpez-les. Lavez les poivrons, coupez-les en deux, enlevez les graines et émincez-les très finement.

Dans un saladier, mélangez les carottes, les poivrons, les germes de soja et les piments, assaisonnez avec les deux huiles et le reste de sauce de soja. Répartissez la salade dans les bols.

Faites chauffer le bœuf 30 secondes au micro-ondes, déposez- le sur la salade. Saupoudrez de graines de sésame et servez sans attendre.

Salade DE RÂBLES DE LAPIN et chèvre frais

Pour 4 pers.
Prép. 30 min
Cuis. 20 min

2 râbles de lapin
2 fromages de chèvre frais
1 branche de romarin
2 échalotes hachées
10 cl de vin blanc
200 g de champignons de Paris
Le jus d'un demi-citron
1 branche de céleri
400 g de salades mélangées
1 c. à s. de vinaigre
6 c. à s. d'huile d'olive
Sel, poivre

La veille, piquez les fromages de chèvre avec des feuilles de romarin.

Coupez les râbles de lapin en deux. Dans une casserole, faites-les dorer avec 2 c. à s. d'huile d'olive, sur toutes leurs faces. Ajoutez les échalotes, quelques feuilles de romarin, puis le vin blanc et laissez mijoter pendant 20 min. Réservez au frais.

Lavez les champignons et la branche de céleri, puis émincez-les très finement. Mélangez avec le jus de citron.

Dans un saladier, mélangez le vinaigre avec l'huile d'olive, salez et poivrez. Ajoutez la salade, les champignons et le céleri.

Répartissez la salade dans les assiettes, ajoutez les râbles de lapin et le demi-fromage de chèvre.

Salade D'ENDIVES aux pommes et au comté

Pour 4 à 6 pers.
Prép. 15 min

4 endives
120 g de compté
2 pommes Granny Smith
4 cerneaux de noix

Pour la vinaigrette :
1 c. à s. de vinaigre de vin
3 c. à s. d'huile de noix
1 c. à c. de moutarde
Sel, poivre

Enlevez éventuellement les premières feuilles flétries des endives et lavez-les rapidement sous le robinet d'eau froide. Épongez-les puis détaillez-les en fins tronçons.

Pelez les pommes, coupez-les en 2, ôtez leur cœur et coupez-les en dés. Détaillez le comté en petits cubes ;

Dans un bol, mélangez la moutarde avec le vinaigre, le sel et le poivre. Incorporez ensuite l'huile de noix.

Déposez les endives et les pommes dans un saladier. Ajoutez-y les cerneaux de noix et les dés de comté. Versez la vinaigrette dessus. Mélange, goûtez et rectifiez l'assaisonnement si nécessaire. Servez sans attendre.

Salade printanière AU CHORIZO

Pour 4 pers.
Prép. 10 min
Cuis. 15 min

4 œufs
50 g de chorizo
100 g de pousses d'épinards
20 asperges vertes
120 g de haricots verts
120 g de pois gourmands
2 cl de vinaigre de vin
4 cl d'huile d'olive
Sel, poivre

Lavez et épluchez les asperges vertes. Équeutez les haricots verts et les pois gourmands. Faites cuire les légumes séparément (départ eau bouillante salée) et rafraîchissez-les. Gardez-les croquants.

Coupez le chorizo en bâtonnets fins et mélangez-le avec le vinaigre et l'huile d'olive. Assaisonnez.

Triez et lavez les pousses d'épinards. Mélangez-les avec les légumes et la vinaigrette au chorizo. Dressez le tout dans quatre assiettes.

Cassez les œufs un par un et versez-les doucement dans une eau frémissante vinaigrée. Laissez cuire 2 min et sortez-les délicatement. Posez-les sur la salade et servez sans attendre.

Versions SUCRÉES

Salade DE POIRES au miel et à la menthe fraîche

Pour 4 pers.
Prép. 5 min
Repos 30 min

5 poires
15 g d'amandes effilées grillées
2 c. à s. de miel d'acacia
Le jus d'un citron vert
8 feuilles de menthe émincées

Épluchez, videz et coupez les poires en lamelles. Mélangez-les avec les amandes effilées et la menthe.

Mélangez le miel et le jus de citron, puis ajoutez les poires.

Recouvrez d'un film alimentaire et laissez reposer 30 min au réfrigérateur avant de servir avec une boule de sorbet à la poire.

Salade DE FRUITS EXOTIQUES

Pour 4 pers.
Prép. 20 min

1 carambole
4 kumquats
1 fruit de la passion
1 mangue
1 papaye
12 litchis
2 goyaves

Coupez les goyaves et le carambole en rondelles. Épluchez la mangue, ôtez le noyau et coupez la chair en dés.

Coupez la papaye en deux, ôtez les graines, épluchez-la et coupez-la en cubes.

Coupez le fruit de la passion en deux, enlevez la pulpe. Épluchez les litchis. Coupez les kumquats en deux. Mélangez tous les fruits et servez frais.

Salade DE FRUITS FRAIS

Pour 4 pers.
Prép. 25 min
Marin. 2 h

50 g d'ananas
150 g de bananes
100 g de fraises
100 g de kiwis
150 g de pêches
150 g d'oranges
150 g de pommes
150 g de poires
1 citron

Pour le sirop :
20 cl d'eau
200 g de sucre en poudre
Le jus d'un citron
Alcool (facultatif, rhum, kirsch, marasquin…)

Confectionnez le sirop. Réunissez dans une casserole l'eau, le sucre et le jus de citron. Faites-le bouillir et refroidissez-le rapidement.

Lavez, épluchez et citronnez les poires et les pommes. Épluchez et citronnez les bananes. Lavez, épongez et équeutez les fraises. Épluchez les pêches et les kiwis. Égouttez les tranches d'ananas et réservez le jus. Pelez les oranges à vif. Éliminez le cœur des pommes ainsi que des poires et émincez-les en lamelles de 3 mm d'épaisseur.

Coupez les bananes en rondelles de 2 mm. Partagez les fraises. Coupez les pêches en quartiers, retirez le noyau et émincez les quartiers en lamelles de 3 mm d'épaisseur. Coupez les kiwis en rondelles de 2 mm d'épaisseur et les tranches d'ananas en petits morceaux. Détachez les quartiers de pulpe des oranges.

Dans un saladier, réunissez tous les fruits découpés et le sirop refroidi. Ajoutez le jus d'ananas. Parfumez éventuellement avec un alcool ou une liqueur. Couvrez d'un film alimentaire et laissez macérer au frais.

Salade AUX KIWIS

Pour 4 pers.
Prép. 10 min
Marin. 2 h

4 kiwis
2 clémentines
1 c. à c. d'eau de fleur d'oranger
250 g de fraises
1 citron vert
1 pincée de vanille pure

Pelez les kiwis, coupez-les en rondelles. Épluchez les clémentines, séparez les quartiers et retirez toutes les peaux blanches. Lavez rapidement les fraises, équeutez-les, coupez-les en lamelles.

Pressez le citron vert. Mélangez son jus avec la fleur d'oranger et la vanille.

Mettez tous les fruits dans un saladier, arrosez-les avec le mélange précédent et laissez macérer 1 h au réfrigérateur.

Salade D'AGRUMES à l'anis

Pour 4 pers.
Prép. 20 min
Cuis. 2 min

2 oranges
1 pamplemousse
2 citrons verts
2 étoiles d'anis
3 feuilles de basilic émincées
20 g de sucre rapadura

Pelez à vif les agrumes et récupérez les quartiers de pulpe ainsi que le jus. Placez les agrumes dans des assiettes en forme de rosaces.

Faites bouillir le jus des agrumes avec le sucre et l'anis. Laissez cuire pendant 1 min. Versez le sirop à l'anis sur les agrumes et laissez refroidir.

Au moment de servir, ajoutez le basilic émincé.

Salade DE FRUITS TIÈDES au basilic

Pour 4 pers.
Prép. 15 min
Cuis. 6 min

4 figues
16 cerises juteuses
6 prunes
1 gousse de vanille
1 quinzaine de grains de raisin blanc
1 c. à s. de sirop de gingembre
Le jus d'une orange
4 branches de basilic frais
Sucre brun

Rincez tous les fruits, puis égouttez-les. Incisez légèrement les figues et équeutez les cerises.

Dans une casserole, portez de l'eau à ébullition, puis déposez-y les cerises, les prunes, et les figues par-dessus. Ajoutez la gousse de vanille fendue en deux et laissez cuire 6 min.

Pendant ce temps, disposez les grains de raisin dans un petit saladier. Versez le sucre brun, le sirop de gingembre et le jus d'orange dessus.

Lorsque les fruits sont cuits, ôtez la gousse de vanille, puis mélangez-les aux grains de raisin. Parsemez-les de basilic fraîchement ciselé et servez aussitôt.

Servez ce dessert avec une boule de glace à la vanille.

BILLES DE FRUITS
en infusion d'anis

Pour 4 pers.
Prép. 25 min
Repos 2 h

1 pomme
1 poire
1 mangue
1 kiwi
Le jus d'un citron vert
3 sachets de thé à l'anis
8 pastilles de Vichy
200 g de sucre rapadura
20 cl d'eau

Épluchez les fruits et réalisez des billes avec une cuillère parisienne. Concassez les pastilles de Vichy.

Faites bouillir le sucre avec l'eau et ajoutez les sachets de thé. Laissez infuser 5 min et passez le sirop au chinois sur les billes de fruits. Ajoutez le jus de citron vert. Entourez le récipient d'un film alimentaire et laissez reposer pendant 2 h au réfrigérateur.

Dressez la salade de fruits dans des coupes et saupoudrez-les de pastilles de Vichy.

Salade D'ORANGES à l'orientale

Pour 4 pers.
Prép. 20 min

8 oranges
3 feuilles de menthe
1 c. à c. de paprika
50 g de miel

Pelez les oranges à vif, détachez les quartiers en faisant attention de garder le jus des fruits. Mélangez le jus et les quartiers d'oranges, le miel ainsi que le paprika.

Répartissez dans 4 assiettes et parsemez de menthe ciselée. Servez glacé.

Salade PÉKINOISE

Pour 4 pers.
Prép. 20 min
Repos 1 h

200 g de melon jaune
200 g de papaye
200 g de litchis au sirop
200 g de pastèque
5 cl de Malibu

Enlevez la peau de la pastèque, du melon jaune et de la papaye.

Ôtez les graines et coupez leur chair en cubes.

Mélangez les cubes de fruits avec les litchis au sirop et le Malibu, puis réservez au frais pendant 1 h. Servez très frais.

Billes FOLIES

Pour 4 pers.
Prép. 35 min

1 melon
1 melon Santa Claus
1/8 de pastèque
2 poires
3 kiwis
2 c. à s. de sucre en poudre

Coupez les melons en deux, enlevez les graines. Épluchez les poires et les kiwis. Épépinez la pastèque.

Confectionnez des billes de chair de ces fruits à l'aide d'une cuillère parisienne. Mélangez les billes avec le sucre en poudre et garnissez des verres. Servez frais.

Salade D'ANANAS au gingembre

Pour 4 pers.
Prép. 15 min
Cuis. 20 min
Repos 1 h

1 ananas
1 petit morceau de gingembre
200 g de sucre
35 cl d'eau
Le jus d'un citron vert

Épluchez et taillez le gingembre en bâtonnets fins. Faites bouillir l'eau avec le sucre, puis ajoutez le jus de citron et le gingembre. Laissez confire à feu doux pendant 20 min environ.

Épluchez et coupez l'ananas en quatre. Enlevez le cœur et coupez les quartiers en petits dés dans un plat.

Versez le sirop de gingembre sur les dés d'ananas. Recouvrez d'un film alimentaire et laissez reposer pendant 1 h au réfrigérateur.

Salade DE FRUITS méli-mélo

Pour 4 pers.
Prép. 20 min
Repos 1 h

2 bananes
2 kiwis
2 pêches jaunes
1 demi-ananas
150 g de sucre
25 cl d'eau
1 gousse de vanille
Feuilles de menthe (facultatif)

Épluchez les pêches, les kiwis et l'ananas. Coupez les pêches en tranches, l'ananas en morceaux et les kiwis en demi-rondelles.

Faites bouillir l'eau avec le sucre et la gousse de vanille fendue dans la longueur, afin d'obtenir un sirop.

Épluchez les bananes et coupez-les en rondelles. Mélangez-les avec les autres fruits.

Versez le sirop sans la gousse de vanille sur les fruits et laissez reposer pendant 30 min au réfrigérateur. Décorez avec quelques feuilles de menthe avant de servir.

Salade DE FRAISES à l'huile d'olive

Pour 4 pers.
Prép. 10 min

500 g de fraises
4 c. à s. d'huile d'olive
1 sachet de sucre vanillé
Zeste d'un citron râpé
2 c. à s. de sucre en poudre

Lavez les fraises, égouttez-les à plat sur un papier absorbant, avant d'enlever le pédoncule.

Coupez les fraises en deux, puis mélangez-les au reste des ingrédients. Servez frais.

Salade
DE FRUITS ROUGES
au vinaigre balsamique

Pour 4 pers.
Prép. 10 min
Repos 10 min

100 g de fraises
100 g de fraises des bois
100 g de framboises
100 g de myrtilles
100 g de groseilles
2 c. à s. de sucre roux
2 c. à s. de vinaigre balsamique
4 grains de poivre de Sechuan

Lavez, triez et égouttez les fraises, les fraises des bois, les framboises, les myrtilles et les groseilles.

Réunissez tous les fruits les dans un saladier avec le vinaigre balsamique, le sucre et le poivre de Sechuan.

Laissez reposer pendant 10 min au réfrigérateur avant de servir.

Salade DE FRUITS au yaourt et au miel

Pour 4 pers.
Prép. 15 min

4 yaourts
400 g de fruits divers (fraises, kiwis, bananes, pommes...)
8 c. à s. de miel
1 pincée de cannelle

Mélangez les yaourts avec le miel et la cannelle.

Épluchez ou lavez les fruits, coupez-les en cubes.

Répartissez les fruits dans 4 bols et recouvrez de sauce au yaourt. Servez frais.

MELON
surprise

Pour 4 pers.
Prép. 15 min

4 melons
50 g de framboises
50 g de fraises
50 g de groseilles
2 brugnons
10 cl de muscat
4 feuilles de menthe
4 grains de poivre

Coupez les melons en deux. Enlevez les graines. Dénoyautez les brugnons et coupez-les en dés. Lavez et triez les fruits rouges. Émincez les feuilles de menthe.

Mélangez les fruits rouges avec les brugnons, la menthe, le poivre et ajoutez le muscat. Laissez mariner pendant 10 min.

Retirez les grains de poivre et versez la préparation dans les melons. Servez bien frais.

Salade DE FRAISES et d'oranges

Pour 4 pers.
Prép. 15 min
Repos 30 min

150 g de fraises
4 oranges
1 c. à s. de sucre

Pelez les oranges à vif et détachez les quartiers de pulpe. Lavez les fraises, épongez-les délicatement et équeutez-les.

Mélangez les fruits avec le sucre et laissez reposer au réfrigérateur pendant 30 min.

Salade de BANANES aux agrumes

Pour 4 pers.
Prép. 15 min
Cuis. 15 min
Repos 30 min

4 bananes
1 citron vert
1 orange
1 pamplemousse
150 g de sucre
25 cl d'eau
1 gousse de vanille fendue en deux

Pelez à vif les agrumes et coupez la pulpe en quartiers. Gardez et détaillez le zeste en petits cubes. Mettez le zeste dans une casserole avec de l'eau froide et portez à ébullition. Rafraîchissez-les et recommencez l'opération une fois.

Faites bouillir l'eau avec le sucre et la vanille, puis ajoutez le zeste et laissez confire 5 min.

Épluchez les bananes et coupez-les en rondelles. Mélangez-les avec les agrumes.

Versez le sirop avec le zeste sur le mélange et laissez reposer pendant 30 min au réfrigérateur. Servez avec une boule de glace.

Salade DE FRUITS CHAUDE en papillotes

Pour 4 pers.
Prép. 20 min
Cuis. 7 min

1 orange
4 poires
10 pruneaux
1 poignée de raisins de Corinthe
1 pomme granny-smith
1 poignée de myrtilles
2 cl de Grand-Marnier

Pressez l'orange et mélangez le jus au Grand-Marnier. Faites tiédir le tout et ajoutez les raisins. Laissez-les gonfler 5 min et égouttez-les. Faites réduire le jus.

Dénoyautez et coupez les pruneaux en dés. Épluchez et évidez les poires ainsi que la pomme. Coupez-les en quartiers.

Découpez quatre carrés de papier aluminium et disposez au centre les poires, les pommes, les raisins, les pruneaux et les myrtilles. Arrosez les fruits avec le jus réduit.

Repliez et refermez bien les papillotes. Enfournez à 200 °C (th. 6-7) et laissez cuire pendant 5 min environ. Servez tiède avec une boule de glace.

Index

T

V

Crédits photographiques

AdobeStock.com – gkrphoto : 61 ; katrinkivi : 59. **F. Dou :** 73. **Nature –** Patrick André ; 23, 91, 95, 99, 103, 105. **Shutterstock.com –** al1962 : 115 ; Alesia Berlezova : 131 ; alisafarov : 37 ; Alphonsine Sabine : 123 ; AnjelikaGr : 111 ; Anna Hoychuk : 33 ; Anna_Pustynnikova : 27 ; Asya Nurullina : 81 ; Barbara Dudzinska : 29, 53 ; Brent Hofacker : 65 ; CHETTAPHON URAIWONG : 101 ; Dar1930 : 97 ; Elena M. Tarasova : 41a ; Elena Veselova : 7 ; Freeskyline : 43 ; HandmadePictures : 127 ; Iarik_malasha : 39 ; Ildi Papp : 51, 87 ; Iudina Ekaterina : 85 ; iuliia_n : 135 ; Lana_M : 25 ; Liliya Kandrashevich : 31 ; Lisovskaya Nathalia : 21 ; Liv friis-larsen : 17 ; Losangela : 79 ; margouillat photo : 69, 117, 133, 137 ; Marina Onokhina : 57 ; Marina Shanti : 89 ; MShev : 129 ; Nataliya Arzamasova : 49 ; Natalia Mylova : 71 ; Oksana Mizina : 83 ; Olha Afanasieva : 121 ; Paul_Brighton : 113 ; Pearl7 : 47 ; Piccia Neri : 63 ; Romrodphoto : 139 ; sarsmis : 19, 125 ; Sea Wave : 15 ; Stepanek Photography : 75 ; Stolyevych Yuliya : 93 ; vanillaechoes : 5, 9, 55 ; Vankad : 45 ; zoryanchik : 77.

Ouvrage collectif créé par Losange

www.editions-artemis.com

ISBN : 978-2-8160-1297-2
N° d'éditeur : 8160
Dépôt légal : avril 2018

Achevé d'imprimer : mars 2018
Imprimé par en Pologne par Edica